マリア・モンテッソーリの教育

平和と希望をつくる子どもたち

江島正子

ドン・ボスコ社

目次

推薦のことば

日本モンテッソーリ協会会長・理事長　前《まえ》之《の》園《その》幸《こう》一《いち》郎《ろう》

モンテッソーリ教育の主要な問題でありながら、これまで論じられることの少なかった幼児の宗教教育をテーマとする興味深い労作が、江島正子先生によって刊行されました。

　モンテッソーリが科学者であり実証主義者であったことは周知の事実です。彼女がローマ大学医学部で厳しい科学的な訓練を受けて現場で医師として医療活動に従事していたことはよく知られている事実です。しかし一方で、E・

M・スタンディングによると「モンテッソーリはその人格の根底には神秘論者的な側面がありました。……彼女の呼びかけは、つねに子どもの〈こころ〉に向けられていました」（E・M・スタンディング『モンテッソーリの発見』）

同様の言葉をモンテッソーリの最も信頼した愛弟子マリア・アントニエッタ・パオリーニも残しています。「モンテッソーリは科学者でしたが、同時に深い霊的な関心をもっていました。これは規則に反することであり、人々は彼女を批判しましたが、モンテッソーリは気にかけていませんでした」（ホネッガー『マリア・モンテッソーリ』）

子どもの霊性にモンテッソーリは注目しました。「人の〈こころ〉は謎です。……ただ子どもだけが、私たちに霊的人間の生命の不思議さを開示することができます。その開示の理解のためには、大人は大人として存在してはならず、空にならなければなりません。その空になったところに子どもが入り込み、私たちを充たすのです」（マリア・モンテッソーリ、ポール・オスワルド『平和と教育』）
子どもの霊性にモンテッソーリの目を向けさせたのは「子どもの家」での子どもたち自身による〈沈黙〉の発見でした。モンテッソーリは著書『幼児の秘密』の中で、「〈沈黙〉は、子どもたちを集中により自分自身の身体・精神・魂そして神に向かわせました。物音を立てずに静かに身体を動かす能力から、集中して知性により習得した知識の先にある神秘的なものへの畏敬の念までも、子どもたちは学びました」と語っています。
モンテッソーリの「宇宙的教育」（コスミック教育）を根底で支える幼児の宗教教育を、子どもの霊性を踏まえて、わかりやすく具体的に論じている本書を、モンテッソーリ教育にかかわる方々、また、興味をもたれる多くの方々がご活用くださることを期待いたします。

二〇二二年五月

10歳のマリア・モンテッソーリ

生命の教育のはじまり

マリア・モンテッソーリは一八七〇年八月三十一日にイタリア、マルケ州キアラヴァッレの敬虔なカトリックの家庭に生まれ、生家近くにあるゴチック式の聖マリアカトリック教会で幼児洗礼を受けました。女子の教育事情が現代ほど進んでいなかった当時、教育熱心だった両親のもとで勉学に励んだモンテッソーリはローマ大学医学部で学び、一八九六年に女性としてイタリアでもっとも初期に医学博士号を取得しました。医師になってもなお、女性であることで差別を受けていたモンテッソーリがようやく得た仕事は、ローマ大学付属の精神科病院でした。

インターンとして知的障がいのある子どもの病棟を巡回したとき、子どもが床に落ちたパンくずを拾い集めることに熱中する様子を見たモンテッソーリは、その行為の中に何かを「やりたがっている」という教育的な力を感じて、子どもの中に成長し、発達する可能性が働いていることを見て取りました。

彼らを注意深く継続的に観察し、知的障がいがある子どもも感覚的な刺激を求めるということを発見したモンテッソーリは、指先を動かして触れることができる教具を子どもたちに渡し、感覚的な満足を十分に得られるように導きました。この活動をとおして知能が向上するとの確信を得たモンテッソーリが子どもたちに知能テストを行ったところ、健常児と同じように知能指数が高いことが判明しました。そこで、イタリアの教育界や医学界において、彼女の名前が一気に知られるようになりました。

その後、ローマの貧民街で貧しい家庭、教育的環境においてハンディをもった小さい子どもたちの世話を任せられたモンテッソーリは、社会の格差による不公平を乗り越え、幸せに生きられるための教育的援助を試み、一九〇七年一月六日、ローマのサン・ロレンツォ地区に初めての「子どもの家（Casa dei bambini）」を開設しました。初めは教室の中で暴れ回り、なんら集中することができなかった子どもたちも、感覚を刺激する教材に触れ、時間を経るにしたがって、穏やかで落ち着きのある様子に変わり、変貌、変容していきました。ここでも大きな功績をあげたモンテッソーリはローマ大学に再入学して、生理学、精神医学の研究に没頭するのでした。

ローマ大学でモンテッソーリは哲学を学び、その後、感覚教育の先駆者であったジャン・イタールの著書の研究を深め、知的・発達障がい者への教育をエドゥアール・セガン医師に学びました。そして、生理学、自然科学、精神医学の研究も重ね、後にモンテッソーリ教育と呼ばれる彼女独自の人間学的教育を樹立させていきます。

キアラヴァッレにあるモンテッソーリの生家

彼女の世界観に大きな影響を与えた人物に、母方のおじアントニオ・ストッパーニがいます。彼はカトリックの司祭で、形而上学、神学を修め、スコラ哲学によって築かれた確固たる精神科学的な人生観をもっていました。と同時に彼は、ミラノ大学の地質学の教授でもあり、自然科学的な世界観で物事を理解していました。モンテッソーリ教育は自然科学の実証科学的方法を多く取り入れています。それは、観察をもとに、データを取り、測定することでわかりますが、アントニオ・ストッパーニによって信仰と科学の両立というモンテッソーリの一生のテーマが培われていったといえるのではないでしょうか。

一九一〇年十一月十日、四十歳のマリア・モンテッソーリは、A・マッケローニー、A・フェデーリ、E・バレリーニと四人で、「聖母マリアを崇める修道女会」を設立しようとして有期誓願を立てています。しかし、計画は実現しませんでした。当時モンテッソーリの霊的指導者であったイエズス会士ピエトロ・タッキー・ヴェントゥーリは、モンテッソーリ教育は普遍的で、グローバルな教育法だから、国籍・人種・社会階層によって、一つの修道女会の枠にはめ込まないほうがよいだろうと指導したといいます。

モンテッソーリはモンテッソーリ教育をとおして、明日という未来へ向けて何を託したのでしょう。彼女が教育をとおして希望したものは、なんだったのでしょうか。

マリア・モンテッソーリは、子どもには生まれながらに自ら成長発達する自然のプログラムと力が備わっており、適切な環境と援助が与えられるならば自分自身で積極的に成長を遂げる存在であることを発見しました。彼女は、子どもの中にある自分を育てる内在的な力、「内的教師」の存在について語っています。教えなくても歩こうとしたり、自分から環境にかかわりながらさまざまなことを吸収していく姿は、子ども自身が自立に向かって、成長・発達していこうとする表れといえます。そして、科学的に、適切に準備された環境は「教育的奇跡」を起こすのです。モンテッソーリは子どもを実証科学的に観察しながら、自然科学と精神科学の両分野を含む科学的教育法を試みました。

モンテッソーリは、子どもは子ども特有の存在であり、大人のミニサイズではないと言います。子どもは子どもという人間存在で、大人とは異なるものです。そしてモンテッソーリは、子どもの「子どもとしての存在」に尊敬と敬意を提言しました。子どものもつ大人と異なる相異点に、絶対的な尊敬と敬意を表したのです。モンテッソーリはこれを、子どもと平和的な関係を保持するための大切な条件であると考えました。

もしもあなたがある人に敬意を表し、またその人もあなたに尊敬と敬意を表してくれていると感じていたら、あなたにはその人に対して恐れや不安をもつことはないでしょう。また、その人が攻撃してくるのではないかと考え、自己防衛する必要もありません。人間がそのような安定した気持ちをもって育つためには、子どもが一人ひとり内在させている諸能力を、愛と正義によって自発的に均衡と調和のとれた形で発達させることが大切です。

モンテッソーリのめざした教育は、子どもを一個の人格的存在として尊重し、子どもの先天的に宿る生き生きとした生命力を探求し、子どもの人格が均衡と調和のとれた、一つの全体として発達し、完成をめざす生命への教育でした。

第一章　「宇宙的秩序」理論に基づく「宇宙的教育」（コスミック教育）

モンテッソーリの宇宙

人間としての最初の幼児期は、視覚・触覚・聴覚・味覚・嗅覚の五感が養われる時期です。感覚は、その人が生きる世界観を構築するための鍵といえるでしょう。幼児の発達は、社会的にグローバルな視野をもつきっかけになるだけでなく、さらに宇宙的な関心事と深くかかわっていきます。

モンテッソーリ教育の基本的で重要な概念に「宇宙的秩序」理論に基づく「宇宙的教育」（コスミック教育）というものがあります。一九三五年、マリア・モンテッソーリはロンドンの修道院で「宇宙における人間の位置」について講演しました。さらに一九四六年、インドで「コスミック教育」に関しても講演しています。第二次世界大戦前後の時期に、モンテッソーリは多くの講演や執筆活動をとおして、コスミック理論を体系化していきました。

マリア・モンテッソーリは、宇宙的秩序について、以下のように述べています。

「宇宙全体には統一的計画が認められ、生物のいろいろな形態ばかりでなく、地球そのものの発達もそれに依存するのです」

モンテッソーリのコスミック（宇宙）理論は、「統一的計画」がこの宇宙全体に存在するという考え方が基本になっています。モンテッソーリにとって、宇宙は無秩序に、混乱した、偶然的な存在ではありません。宇宙は秩序ある統一的・合理的理性によって計画され、造られた存在なのです。この地球も、宇宙の一部分として、時間と空間に条件づけられた「統一的計画」に由来するものであり、宇宙における森羅万象の創造者としての神の存在が根底に横たわっているというのが、彼女の宇宙に対する考え方の大きな特徴です。

宇宙的秩序の中の地球上の生物

モンテッソーリは宇宙と、その一部である地球の進化について、特に地質学的な関心をもっていました。一九四六年にインドで行った「コスミック教育」に関しての講演の中でも、彼女は以下のように述べています。

「すでに久しい以前から、地質学は、生命と地球との間の密接な関連を説明しています。そして地球の全表面を生命圏としておおっている生命は、地球の発達のために必要だと考えられました」

地球の誕生のプロセスにおいて、水と陸が分離したとき、陸上で生活する生物の呼吸を可能にする空気の純度、つまり酸素濃度が常に一定に保持されることは重要な条件となりました。地球の表面をおおう緑の木々は生物が生きるために不可欠な酸素を供給し、二酸化炭素を吸収しています。その酸素が一定の純度を保つことができるのは植物のおかげであり、こうして陸と海が一つの構造的な統一を成すのです。モンテッソーリはこれを地球の進化を生み出すための宇宙的秩序の働きだと考えました。

また、生物それぞれの行動・生態を観察すると、自らの生命保存という目的ばかりではなく、地球の維持と、その地球上の調和を保存するという目的もあるとモンテッソーリは言います。この複合的な働きについて、モンテッソーリは花の咲く植物と昆虫の間に見られる密接な共同作業を例に挙げています。

蜂や蝶のように花の蜜をさがして飛んでくる昆虫は、自分の体に花粉をつけ、さらにより多くの蜜を吸うために、次の花へ飛んでいきます。昆虫は本能的に行動し、花から蜜をもらい、自己保存という自分の利益を得て、その代わりに無意識に、花の受粉という「他者への奉仕」を行い、環境の中で自然界の保全に寄与しています。

あらゆる生物は、本能的にエサをさがし、食べ、生きていく中で、無意識のうちに他の生物の生命にかかわり、その生存・存続のために貢献しているのです。生物は各々の行動様式の中に先天的に内在された固有のコスミック的働きをもち、互いに調和的に行動し、援助し合い、特定の課題を果たすように駆り立てられている、これはコスミック理論の統一的な計画の中で行われているとモンテッソーリは考えました。

マリア・モンテッソーリはさらに別な視点から蝶の行動を見つめました。蝶は花の咲いた植物のところへ飛んでいき、その花びらの下に卵を産みます。それで、雨が降っても卵は流れ落ちないのです。

そして、たとえば蜘蛛は、自然の中で網を張って他の昆虫を捕食することで生きているのですが、卵を産んでその世話をする間は、獲物を捕らえるための網をつくらず、二重壁の袋のような卵嚢《らんのう》を作ります。その卵嚢は外気をとおしながら内側があたたかく保たれ、外の湿気から卵を保護することができるのです。

さらに、フンコロガシの行動についても述べています。動物の糞を食べるコガネムシの中で、糞を玉状にして、転がしながら運ぶものを俗にフンコロガシと呼ぶのですが、私たちにとってはあまり魅力的とは思えない生き物かもしれません。そんなフンコロガシは、地面に落ちている糞を転がし、ときには自分の身体よりも大きな球体をつくることもあります。球体は完全な球形をしていることがほとんどで、こんなにも完全な球形をつくることは人間にとっては至難の業です。フンコロガシは、自分が手にした食料を巣に運んで安全な場所で食べるそうです。球体は移動には一番便利であり、また、転がしながら容易に形を整えられる幾何学図形なのです。

このように蝶も、蜘蛛も、フンコロガシも、本能に従った中で理にかなった行動をとるのです。昆虫は独特の行動様式を先天的に内在させていて、そのように行動しますが、それは同時に知性的な行動でもあり、自然界の不思議でもあります。このような生物の行動について、モンテッソーリは「簡単に言えば、神が生物を知性で動かすのです」と語っています。

コスミック理論における人間の位置づけ

それでは、モンテッソーリは、宇宙における人間の位置づけをどのように考えていたのでしょう。

人間は「神の似姿」として創造されました。もちろん、人間も宇宙におけるほかの生物と同様に神による被造物です。しかし、人間は他の生物とまったく異なる特性を宿しています。これをモンテッソーリは「神は生物を知性で動かし、人間には知性自体を与えた」と表現しています。

馬や羊、鹿など動物は誕生後すぐ立ち上がって歩き始めることができ、集団に入って仲間とともに移動することも可能です。しかし、人間の場合、歩くことができるまでに一年ほどかかります。人間には、誕生の瞬間から人間特有の発達の自然法則が認められます。人間の子どもは誕生直後から、周りの世界を観察し、吸収します。そして、それぞれが自ら構築した内的自己を基準に、さらなる論理的基準に導かれながら行動を定めていくのです。

二歳児の歩き方は足がしっかりと地についていません。三歳児は足の裏をしっかりと踏みこんで歩くことができます。歩き方ひとつにしても、人間は本能のままにではなく、一人ひとりが自分自身で、先天的に内在する運動エネルギーを生かしていかなければならないのです。モンテッソーリは、子どもが自らの筋肉に生気を吹き込み、個体としての一人、すなわち個人がその個性を形成しなければならないと考えました。

また、モンテッソーリは、幼児が周りの事物の秩序に敏感である、ということに注目しています。たとえば二歳児は細かいこと、小さいことに敏感に反応する力がありま す。二歳児が教室の床に短い髪の毛が落ちていることに気づき、先生のところへ持っていったとき、先生が「どうもありがとう」と言うと、その幼児は同じ日に三回も四回も、髪の毛を拾って先生に届けるのです。このような幼児の行動は、幼い子どもと接している人の多くが経験していると思います。「知性自体を与えられた」人間の特性は、新しい出来事に対して限界なく適応を続けることができるのです。

一方で人間は、多くの分野で自然に依存しています。しかし、それだけでは満足せずに、さらなる完全さを求め続けました。得たことに満足せず、さらにより多くを求めることは素晴らしいことですが、さらなる欲求を満足させるために自然の改良、ともすれば破壊も厭わなくなっています。人間は自然から新しいものをつくり出すことができますが、同時に自然に依存するものということを、忘れてはいけないと思います。モンテッソーリの示す宇宙の秩序と人間について、考えてみましょう。

人間の社会におけるコスミック（宇宙的）教育

モンテッソーリのコスミック理論によれば、すべての人は他の人びとに依存し、すべての人は他の人びとの生存に貢献するということになります。世界中いたるところでいろいろなものが生産されています。そして日常生活の必需品は、働いてくれた多くの人びととの労働の賜物です。衣食住や、乗り物、道路、通信手段や電気、ガス、水道などが人間生活に与えられました。それらをつくり出した人びとの労働や犠牲は、常に子どもたちにも意識させる必要があります。私たちの生活に気を配ってくれる他者の存在を、すべての人が感じとる必要があるでしょう。

知識、文字、数学や印刷などをはじめ、文明のもたらすものは、多くの人びとの努力によるものです。私たちの毎日の生活を快適にしてくれるもののすべては、他者のおかげなのです。モンテッソーリのコスミック教育は、人間が享受するすべては、ほかの人間の努力、労作、功績の賜物であることを子どもたちに理解させ、納得させていきます。

コスミック教育では第一に、自分が人類に属するという意識を子どもたちに感じさせ、そのことを誇りに思うように促さなければいけません。

第二に、宇宙の中で人間がどのような場所に置かれているのかを考えることで、人間が特別な存在、自然の中で最大の奇跡であることを子どもたちに感じとらせるようにします。

そして第三に、日常の生活で享受する、人間としてのあらゆる権利に対して、感謝と愛を覚えるように導きます。

コスミック教育をとおして人間同士の相互援助の働きを考えるとき、現代社会に存在する貧困や困窮、低開発の状態は、全人類にとって大きな問題となってきます。すべての人びとのニーズを満たしながら、さらに虐げられた弱い状況の人びとを救済する手段を見つけることは、モンテッソーリのコスミック教育の大きな関心事だといえるでしょう。

コスミック教育は、人間の地球上における生活の起源、関連、課題や使命を明らかにしながら、人類の自己救済のために、無知、欠陥、心理的逸脱、無学から子どもたちを解放し、人道主義の精神で新しい感情や感性を育み、理性と良心を調和的に統合するカリキュラムをめざしていくものです。このような教育プロセスの存在は、現代社会において一層重要な意味をもつでしょう。

モンテッソーリの言葉、「神が生物を知性で動かす」とは、宇宙（コスモス）の統一的計画の中で、生物の行動様式が自然法則として先天的・本能的に植えつけられているということを指しています。自然法則としての行動様式は宇宙の保全と維持をめざすのです。神は世界創造の際、どんな創造物にも活動力を付与しましたが、これは感嘆以外の何ものでもないのです。

第二章　幼児教育の中の宗教

宗教はどんな魂にも内在している

モンテッソーリ自身は、宗教そのものをどのように考えていたのでしょう。彼女の出発点は医学でしたが、医学は自然科学に属するものです。医者として身につけた自然科学の視点を教育の分野に応用したモンテッソーリは、モンテッソーリ教育の中で宗教をどのように位置づけているのでしょう。

医者が患者を診察するように、幼い子どもを観察したモンテッソーリは、子どもに宗教的な感性があることを発見しました。それはきっと、アラジンが不思議なランプを見つけたような驚きであったと思います。

モンテッソーリは一九四六年のロンドンの講演で、以下のように話しました。

「私たちは、宗教があらゆる人の心の中で、世界の始まり以来存在する普遍的な感性だということを考えに入れなければなりません。それは私たちが与えなければならない何かではありません。すべての人間には言語を発達させる力があるように、宗教を発達させる傾向をもっています。高度に発達した文明をもつ集団でも、あるいは未開発な人間の集団でも、どんな時代にも、どんな集団にも、宗教はありました。言語と宗教はすべての人間集団がもつ二つの特性です」

かつて人間が生活していた場所を発掘すると、たとえば、古代のエジプトのカルナック神殿、ルクソール神殿、ギザのピラミットやスフィンクスなど、宗教的な遺跡は必ず出てくるのです。また、ロゼッタストン、ハムラビ法典など、人間が生活していた場所には文字が残っていることも発掘調査によりわかっています。それゆえにモンテッソーリは、「世界の始まり以来存在する普遍的な感性」があり、人間は言語をもち、宗教をもつと言い、宗教応用人類学の一面が暗示されます。

言語については二歳前後がもっとも言葉に対する敏感期で、周囲で話されている言葉から自分の言葉を得ていきます。モンテッソーリは宗教についても敏感期があると言っています。初聖体の準備教育のために子どもたちを集めたとき、彼女は次のような体験をしたことを述べています。

「二歳半や三歳の子どもは外に遊びに行くよりも、私たちのそばにやってきて、初聖体の準備の様子を見たがっているということを知って非常に驚かされました。小さな子どもは、大きな子どもより教会で行われていることに興味があるかのように、喜んで見ていました。子どもが実際どんな印象を受けたかはわかりませんが、しかし、彼らはとても魅せられた様子で、それで私たちは、子どもには宗教を感覚的に理解する鋭い敏感期があることを知りました」

また、モンテッソーリは三、四歳児が「静粛の練習」の活動を自発的に行いたいと言ってきて、大人もそれに応えるならば、幼児が高尚な喜びを味わい、自分を高めることに傾いていること、またより高い喜びを求めているという証しになると述べています。

「宗教はどんな魂にも内在しています。人間は理性を見失うことはありますが、心の中のものを失うことはできません。これは意味深長な核心的な事実です。私たちに宗教が欠けると、人間の発達上、基本的な部分が欠けることになります」

彼女の幼児への宗教教育の関心は、教皇ピオ十世が一九一〇年の秘跡聖省教令『クアム・シングラーリ(*Quam singulari*)』で積極的に典礼、すなわちミサ聖祭にあずかり、ご聖体を拝領するようにと勧めたことに関係があります。これはモンテッソーリの宗教教育にとって大きな刺激になりました。

二十世紀初頭のころは、現在の日本でいえば中学生の十四、十五歳の子どもが初聖体を受けていたのですが、ピオ十世はこの教令で、七歳の子どもでも受けられるように初聖体の年齢制限を引き下げました。教育学上から、この教皇の望みに応えた最初の人びとのうちの一人として、モンテッソーリがあげられるでしょう。彼女は、教皇ピオ十世と同じように、まだ反省力はなくても幼児期に子どもの信仰心を開発し保護し強化するということが、その子どもの全生涯にとって根本的に重要な意味をもつと考えていたのです。

子どもを観察し、彼らが深淵で高貴な宗教生活への人間的な傾向性をもつことを認めたモンテッソーリは、教皇の典礼運動に積極的に賛同しました。このようにモンテッソーリの宗教教育はより小さな子どもの初聖体準備教育と、「人びとを積極的に典礼（ミサ）にあずかるように指導しよう」というピオ十世の教令が大きな契機になったのでした。

子どもの年齢にふさわしい内的成長プログラム

モンテッソーリは、彼女自身の経験の中で、子どもは身体を動かして、手を使って、宗教的な活動することが好きであること、特に、たとえ話が好きだということを語っています。子どもはたとえ話についての活動後、「新しい喜び」と「新しい尊厳」を見せるというのです。

子どもの「新しい喜び」は、何を意味するのでしょう。それは、子どもが何か面白い遊びをしているとき、もしくは、玩具で遊んでいるときに見せる喜びとは異なるものでした。「新しい喜び」の中で、子どもは平和で、落ち着いて、真面目で、静かで、冷静になるのです。子どもの心に相応した環境を見つけたときに感じるような喜び、子どもに内在するニーズに応えるような喜びなのです。心と心の琴線が触れて奏でられる振動音のようなもので、この喜びは、子どもの言葉では表現できません。しかし子どもがこの喜びを身体全体で感じていることは、子どもの目の輝きに見ることができます。モンテッソーリは、イタリア人の障がいをもった女児が「私の身体がハッピーだ」と表現したと言いました。

それでは、子どもの「新しい尊厳」とは、どのようなことなのでしょう。子どもは大人と異なった独自のやり方で、神との関係を築きます。子どもは大人の付属物ではありません。子どもは超越的な存在に対して直感的に接していきます。これは、あたかも超越的な存在が子どもと同質であるかのような両者の関係です。子どもは超越的な存在と自己とに親密な関係を結ぶことができるのです。これこそが「新しい尊厳」の表れです。この内的な憧れに芽を出させ、大きく発達させるためには、大人からの援助が必要でしょう。

母親や周りの大人は、子どもがしっかりと栄養を摂取しているか、体重は増えているかに心を配ります。食事を与えて子どもの肉体的な成長を助けます。そして、均衡と調和的な身体的発達があるように、心の喜びは内的な発達を表します。

精神的な感性の発達のために子どもの内在的宗教心を認めましょう。一人ひとりが自立し、責任感と他人への思いやりをもった人間として成長していくためには、見守る姿勢が必要です。子どもの年齢にふさわしい内容を正しいやり方で与え、その基本的なポイントを生活の中で子ども自身が見いだすように促します。子どもは本質的なものを与えられる環境の中で活動し、反復練習によって自ら大切なものを身につけていきます。そして、内的に愛に満たされて調和のとれた人間形成のプロセスをたどるのです。

次に子どもの成長について、年齢順に考えてみたいと思います。

乳幼児期〜感覚を育てる

○歳から六歳の乳幼児は、自分の周囲の人たちや環境、生活の中に置かれているあらゆるものに興味や関心をもち、関係を築こうとする時期だと、モンテッソーリは考えました。

乳児は、自分の周りの人物の多種多様な相異を恐れず、不安をもたず、じっと見ています。周りにある環境や事物は、これから探検を始める新しい世界です。乳幼児はまだ表現する言葉を得ていませんが、もし言葉で表わすことができるなら、きっと「面白い」、「興味がある」、「もっと知りたい」と言うかもしれません。

ほかの人間が近づいてきても、それが「自分のためになる」と積極的にかかわり合いをもっていくということは、発達の最初の段階の特徴です。こうして日常生活において幼い子どもは、見たり触ったりして感覚を育てていきます。

児童期〜新しい世界を開く

六歳から十二歳という発達の第二段階の児童期においては、子どもたちは外の世界を自ら発見していくことを望むようになります。

学校に通い、クラスの友達と一緒に学び、また、自分で教科書や本、動画やインターネットなど、いろいろな方法によって学習することを覚えます。そして、子どもたちは自ら発見したことを吸収していきます。

社会は子どもを支配するためのものではありません。子どもたちが見つけた新しい世界は、生き生きとした学びにあふれています。大勢の人、多種多様な文化と出会う機会があり、その出会いの学びはずっと続いていきます。

そして、出会いはそのたびごとに新しい世界を開き、新しい文化を身につけるチャンスとなるでしょう。

この出会いこそ、新たな学びであり、子どもたちはその出会いと気づきによって、新しい平和教育を自ら行っていくのです。

思春期～「平和」を意識する

十二歳から十八歳の第三段階、思春期は、男性、女性としての身体的変化によって身心のアンバランスが生じる、大変デリケートな時期といえます。

自然の要求としてグループや社会集団とのかかわり合いを求め、受け入れられたい要求を内的に秘めているのも、この時期の特徴の一つです。また、自分の生きる社会が平和な中で調和のとれたものになるために、何かできることがあるのではないかと考え始めるのもこの時期です。

もはや学校という枠を超え、たとえばインターネットで国境を越えて異文化と直接に接することも自由にできるようになります。そして、思春期は、無意識のうちに平和を愛する心をもち始める時期といえるでしょう。

人間として成長し、語り合い、ともに歌い、ときに行動を起こす力さえもっています。しかし、その行動が夢や希望と結びついていたとしても、一時的な感情の働きだけでは平和は実現できません。実際の平和の構築は、さまざまな困難な問題を伴います。

平和とは、無数に多様です。世界各国において、それぞれ大きな力が必要となります。だからこそ、平和の実現を可能にするのは、子どもたちなのです。周りの人びとに開かれた心、他者を敬い信じる精神をもつ子どもたちなのです。

モンテッソーリは、イギリスの代表的なロマン派詩人であるワーズワース（一七七〇～一八五〇）の『虹』と題する詩を引用し「子どもは大人の父である」と言いました。

虹

ウィリアム・ワーズワース

空に虹を見るとき　私の心は躍る。
私の生涯の初めがそうであった。
大人になった今もそうであるように
老いてもそうありたい。
さもなくば死んだほうがましだ。
子どもは大人の父である。
私の人生の一日一日が
自然に対する深い敬意の心で結ばれるように。

モンテッソーリはイタリアのファシズムを逃れ一九三六年までスペインで過ごし、その後一九五二年、オランダにて八十一歳で永眠しました。

モンテッソーリが初めて開いたローマ、サン・ロレンツォの「子どもの家」は現存しており、また、世界各国に開設されたモンテッソーリ教育の「子どもの家」にその教育法、精神が受け継がれています。

第三章　モンテッソーリの宗教教育の実践

モンテッソーリ教育法に基づく幼い子どものための宗教教育の特徴は、教具や教材があることです。それらは目に見え、形があり、〝しるし〟になります。

聖アウグスチヌス（三五四〜四三〇）は〝しるし〟について「あなたはひとつのものを見て、別のことを理解する」と言います。〝しるし〟は、目に見える世界、手にふれる世界にありますが、神秘的なメッセージを理解する力、能力をもっています。

また、この教具や教材が子どもサイズ、ミニサイズであることも大きな意味があります。教具相互に関連性があり、それぞれが美しく魅力的で、子どもに「触ってね！」と誘うような要因を含んでいることも大切です。

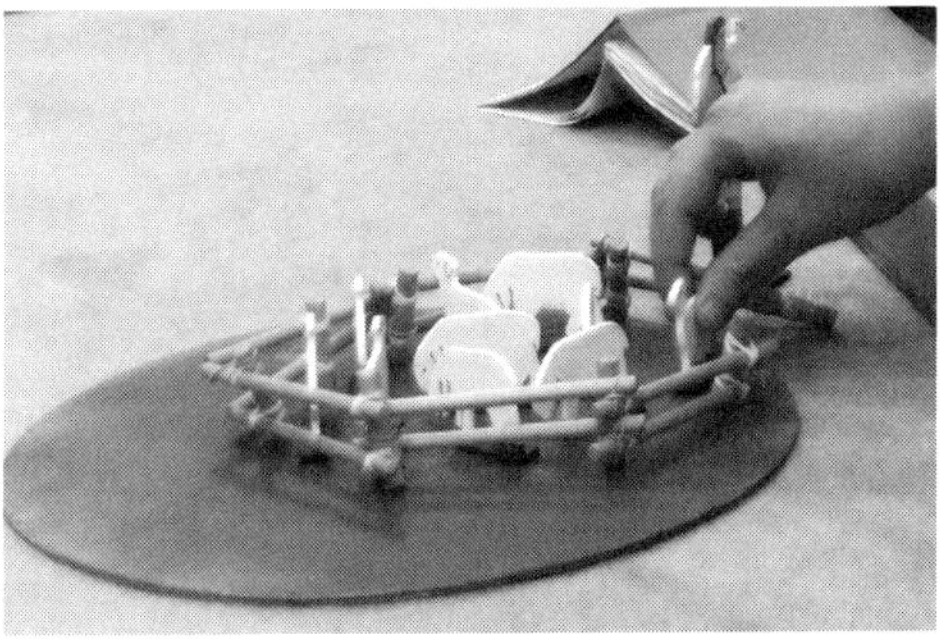

神へ子ども自身が近づくという、モンテッソーリ教育の特徴を備えた教具を用いて、子どもは活動します。それは、「一人で神さまに近づけるように手伝ってね」という子どもの内的な声に応えるためなのです。

もしも間違って活動したら、間違いの自己訂正を行います。活動の中にはちょっと難しいところもあり、だからこそ子どもたちは夢中になって、集中して取り組むように促されていきます。

ここでご紹介するのは、ローマのソフィア・カバレッティ女史が始めた初聖体の準備の活動をもとにつくられたプログラムです。

三歳から六歳児のための活動

（1）日常生活の練習

共同体の一員として日常の活動に参加し、環境への適応を促します。ここでは実生活と密接に関連する多くの動きを実際に練習します。

①衣服を脱ぎ、ハンガーにかける　②ボタンをかける
③階段を上る　④ドアを開け、閉める
⑤椅子を運ぶ　⑥クッションを使い、座る
⑦お盆を運ぶ　⑧コップに水を注ぐ
⑨お花を飾る　⑩お花の水を替える
⑪室内を掃く　⑫洗濯をする

（2）静粛の練習

①静けさへ注意を向けられるようにする
②音楽にあわせて歩く、止まる　③線上歩行

④他者の話を聞く

（3）たとえ話

モンテッソーリの宗教教育には、たとえ話を用いたものもあります。まず、「良い羊飼い」のたとえ話から出発するのですが、これはカトリック教会以外にも適用されています。

「良い羊飼い」のたとえ話の活動

年齢　二歳半以上　個別またはグループ指導
教具　良い羊飼いと約十四の羊の人形　囲いのついた円形の牧場
時期　随時　特に復活祭前

聖書の個所　ヨハネによる福音10・1〜10

教師の働きかけ

教師は該当の聖書個所を自分の言葉で内容を忠実に、想像を促すように話す。

活動

教師は良い羊飼いと羊の人形を動かしながら、最初に「良い羊飼いはイエスだ」と言い、良い羊飼いは羊の名前を一匹一匹知っており、それぞれの名前を呼ぶことを伝える。

子どもは教師に倣って良い羊飼いの人形を動かしながら、羊の名前を呼ぶ。良い羊飼いの声は力強く、名前を呼ばれた羊は、牧場の囲いの中から羊飼いに従って外へ出る。

羊はいつも良い羊飼いから呼ばれ、良い羊飼いの声を知っているので、良い羊飼いのもとに集まる。

最後に、羊は一カ所に集まる。

この活動は何度か繰り返して、やがて子どもが一人でも行えるようにする。

活動の展開

聖書を読む（聖書の「良い羊飼い」のたとえ話を知る）。　ぬり絵をする。

「良い羊飼い」の活動の自由画を描く。

活動から導かれること

子ども自身による黙想と内発的な道徳の芽ばえ。

良い羊飼いはイエスであり、神であることを知り、同時に、羊は自分のことだと子ども自身が発見する。これは子どもの喜びと驚きの根源になる。

良い羊飼いが羊一匹一匹の名前を知っていることを知り、子どもは良い羊飼いと内的なかかわり合い（信頼と愛情）をもち、基本的な信頼・愛・信仰の土台を築くことができる。

「良い羊飼い」のたとえ話の活動の後、「良い羊飼いの現存」の活動へ続く。

（4）「良い羊飼いの現存」

「良い羊飼い」のたとえ話の理解から、ミサへの参加を促す活動です。

年齢　三～六歳　個別またはグループ指導

教具　「良い羊飼いのたとえ話」の教具

小さいテーブル（祭壇）白いテーブルクロス

小さいパテナ（ミサ聖祭のときに聖体をのせるために用いる聖体皿）

小さなカリス（ミサ聖祭においてぶどう酒を奉納し、聖別、拝領する

ときに使用する杯）
時期　随時「良い羊飼いのたとえ話」の活動後
聖書の個所　ヨハネによる福音10・1～10

教師の働きかけ
羊が良い羊飼いの声を聞き分け従うことを思い出すように促す。良い羊飼いは羊に、ともに居る特別な時間と場所を与えていると説明する。

活動
教師は小さいテーブル（祭壇）と、その上に白い布を置く。
教師は祭壇の上に良い羊飼いの人形を置く。羊飼いが羊一匹一匹の名前を呼ぶと、子どもは羊の人形を牧場の囲いから出して祭壇の周りに置く。
教師は祭壇の上に小さなパテナと、小さなカリスを置いて、良い羊飼いは、パンとぶどう酒として（聖変化）現存していることを告げ、良い羊飼いの人形を取り去る。

教師は祭壇を見ながら質問（「特別な時間と場所はどこ？」）し、子どもの答え（「ミサ」）を導く。

この活動も「良い羊飼い」のたとえ話の活動同様、繰り返すことで子どもたちが自分たちだけで行えるように学んでいく。

活動から導かれること

ミサは良い羊飼いが羊の名前を呼び、パンとぶどう酒の形で自らを与えられる時間と場所であることを知り、共同体への導入、ミサへの積極的参加を促す。

ご聖体の秘跡は良い羊飼いの現存を具現化していることを、体験の中で理解する。

(5) ミサ聖祭

幼児は自然の発達法則による内的衝動で自分の心身を形成しています。幼児は手を使う活動が大好き。手の機能化は、子どもの自立を助けます。手を使って、順番どおり正しく着衣させる活動に興味をもちます。自分の着たいときに着て、脱ぎたいときに脱ぐことができる、それは「生きる喜び」を覚える活動です。

そして、私たちの周りは色彩豊かな世界です。色は抽象的な意味の世界を子どもに教えてくれます。白は？ 赤は？ 紫色は？ 緑色は？

ミサの準備の活動

年齢　三歳から　個別指導
時期　随時

教師の働きかけ

ミサに必要なものを示し、それぞれの役割とその意味を伝える。
①祭壇　②ミサの祭具　③聖ひつ　④典礼歴
⑤典礼の色　⑥司祭服

祭服（司祭の服）の準備の活動

年齢　三歳から　個別指導
時期　随時
教具　司祭の人形　人形用の祭服　シート

活動

教師は子どもと一緒に人形と祭服をシートの上に運ぶ。

祭服を一枚ずつ取り出し、左から、白、紫、緑、赤の四色の祭服を並べる。

教師は「教会の暦」とかかわり合わせながら、祭服の色を示す。

・白は、神の栄光、清らかさ、喜びを表す。お恵みをいただくお祝いの色。

・紫は、償い、回心、節制、待つことを表す。いただくお恵みを準備する色。

・緑は、希望、歩み、忍耐深く聞くことを表す。いただいたお恵みが成長する色。

・赤は、火、愛、殉教を表す。主の受難、聖霊降臨の色。

次に教師は祭服を並べ、その名称を紹介する。

子どもと一緒に人形に着せて、その意味を説明する。

・アミクトゥス　祭服のいちばん下、肩を覆うための白い布。謙遜を意味する。

・アルバ　白い布地で作られた長い下着。純白な清らかな心を象徴。
・チングルム　アルバの長さを調節したり、形を整えるための腰紐。
・ストラ　細長い帯状のもの。叙階された者の象徴。
・カズラ　司式をする司祭・司教が着る、ゆったりとした体全体を覆う祭服。

活動の展開

祭服の教具がない場合は、図で説明することもできる。
また、ぬり絵・はり絵などにも応用利用できる。

活動から導かれること

日常生活の練習の応用でもあるこの活動は、私たちが生活している世界には多くのシンボル、抽象的意味があることを子どもが知るための動機づけになる。

（6）〝神さま〟を中心とした世界の歴史の提供

モンテッソーリは、宇宙、そして世界は、私たちの理性をはるかに超えた精密な自然法則や規則、ルールによって形成されていると考えます。科学が発達して自然法則が解明されるたび、感嘆の声をあげずにいられないのですが、この不思議な法則をつくった絶対理性をモンテッソーリはコスミック教育の中で〝神さま〟と呼びます。そして神さまは私たち一人ひとりを、オンリーワンの存在として思い、愛し、生命を与え続けてくださいます。

マリア・モンテッソーリは宗教心が人間の中に、生命の最初の瞬間から存在すると考えていました。私たちの生きている世界の歴史を、神さまを中心にして、幼い子どもにどのように説明すればよいでしょうか。「歴史の中心である神」を子どもの日常の活動の中で理解するための一つの例を、次に紹介しましょう。

なお、モンテッソーリによって作られた教材はカトリックの聖書に基づいていますが、一九四六年ロンドンでモンテッソーリ自身が「インドでヒンズー教徒、イスラム教徒、カトリック教徒などのいろいろな宗教団体に属する人びとのために、宗教のコースを開いたことがあります」と述べているように、キリスト教のいろいろな宗派や、神道、仏教などでも、それぞれの教材に応用できるものとなっています。

神さまを中心とした世界の歴史の理解

登場人物は神さまと人間。両者は平等な関係ではない。神さまが主人公で、人間は神さまとともに働く協力者としての役割をもつ。

年齢　三歳〜九歳

教具　歴史の流れを表すリボン（紺色十五メートル、茶色三十五メートル、白色三メートルのものを用意する。広い場所で行うのが理想だが、狭いところで行うときは短いリボンで対応することも可能）

時期　随時

聖書の内容に沿ってリボンをつなげ、時間をリボンで可視化していく。あれば関連した絵と語句。提供者用の「ガイド・ブック」

教師の働きかけ

教師は「ガイド・ブック」（47ページの資料参照）の内容を口頭で説明する。聖書を置き、流れに従ってリボンを床の上にのばしつなげていく。聖書が歴史のスタートであることを理解できるように、目に見える形で表す。

1　私たちの住む地球は、とても昔にできました。何千年、何万年、何億年も前にできたといわれますが、だれもわかりません。そのことについてはこの本、聖書の一番最初のところに書いてあるので、そこを読んでみましょう。

「初めに神は天と地を創造された」とありますね。

(神さまが天と地を創造されたと書いてあるところに紺色のリボンをはさみ、混沌とした世界であることを暗示する)

2

最初、地球はいろいろなものがごちゃごちゃに混ざっていて、その状態は「カオス」といいました。やがて、混ざり合ったものが整理されて、地球ができたのです。

地球の表面は、初めはドロドロとした溶岩でした。次第に水が生じて固まり、乾いて陸が出てきました。

3

ずっとたってから、今まで何もなかったところに小さな生命が生まれました。それからさらに新しい生命が生まれてきました。それら生命は草になり、花になり、木になりました。植物ができると、植物のつくった酸素で呼吸する準備が整い、時間がたつと動く生物も生まれました。まず海の中に魚、その中から陸に上がって這ったり、走ったりするもの、空を飛ぶものも現れて、動物が登場します。

4 動物は種々な種類に分かれていき、その中に私たち人間に似た動物も現れました。その動物はやがて手を使って自分の周りにあるもので道具を作るようになりました。知恵をもった人間が誕生しました。（紺色のリボンの先に、新しい歴史の流れが始まったことを表す茶色のリボンをつなげてのばしていく）

5 植物は呼吸する空気をつくり、動物は食べ物になりました。〝神さま〟は人間のためにあらゆるものを準備し、人間に素晴らしい贈りものをくださいました。でも人間は神さまが整えてくださった道を、なかなかまっすぐに進むことができませんでした。そこで、神さまはさらに素晴らしい贈りものをくださろうとしました。それはなんでしょう。

6　神さまからの贈りものである赤ちゃん（イエス）は、私たち人間と同じように生まれ、育ち、死にました。しかし、死んだ後に復活したのです。イエスのいのちは死よりも強いのです。

7　神さまは、終わることのないいのちをイエスだけでなく、神さまを信じるみんなに与えてくださいました。この贈りものは「救いのみわざ」といいます。これは今も私たちに送られています。

8　神さまを中心とした世界の歴史は、「天地創造」から「救い」まで、聖書という本にまとめられていて、これは、明日も、明後日も、これからもずっと続きます。あたかも、まだ何も書かれていない白いページのように。

（茶色のリボンに白色のリボンをつなげる）

白いページはどれだけ続くかわかりません。でも、リボンの終わりには光がいっぱいの口がくるでしょう。これは「再臨」を表しています。預言者の言葉によれば、再臨とは神さまがすべてになるときで、悲しみもつらさもなく、幸せに満ちた神さまの国が完成して、それはずっと続くのです。

神さまを中心とした私たちの世界の歴史は「天地創造」で始まり、「救いのみわざ」で頂点に達し、「再臨」で完成するのです。

活動から導かれること

歴史に宗教的次元を与える。

神さまが世界を造った。私たちは神さまから生命をいただいた（謙遜）。

最後は「再臨」がくる。それはすべての終わりではない（希望）。

この内容は、子どもが時間をかけて理解していく活動です。

ここではローマの教育センターの活動をご紹介しました。キリスト教、カトリックにかぎらず、さまざまな宗教でもモンテッソーリ・メソッドは応用できます。世界中が理解し合い、手を取り合って、世界が平和になり、子どもが喜びを得て、自己を形成していくことこそは、モンテッソーリ教育の真髄です。

資料

提供者用の「神の国の歴史のガイドブック」（イタリアの教育センターで使われているものを筆者が訳して紹介します）

1

私たちの住んでいるこの世界は、何百年も、何千年も前、むかしむかしにできて、正確に数えられません。四十五億年くらい前でしょうか。あとで陸地の始まりとなる塊がありました。塊は「カオス」（混沌）といいます。この塊はゆっくりゆっくりと一部分は陸地になり、一部分は水の海になりました。

2

陸地ができたとき生命が現れました。陸地を緑でおおう草木が現れ、花が咲き、空気で呼吸できるようになりました。草木は育ち、芽ばえ、それぞれの種からさらに増えていきました。

それから、地球上に動くものが現れ始めました。動物が登場したのです。最初に水中に生き物が、そして空中を飛ぶ鳥、のちに陸地に住む動物が登場したのです。

3 このような生き物のうちに人間の祖先に似たものが出てきました。私たちよりも小さく、まだ未発達で、知性の乏しいものでした。私たちの知っている人間らしい人間、すなわち知性があり、計画的に働き、考える人間になるまでには、かなりの時間が必要でした。

そのような「人間」の登場は、創造の歴史の重要な瞬間です。人間は手を使うことを発見しました。人間の手は地上のものから、新しい、いろいろなものをつくり出しました。手を使って事物を変え、考えて働き、学習することができるのは、人間が知性に導かれているからです。

4 人間は、地上に必要なもののほとんどが、すでにあることに気づきました。ときには長い時間を費やし、骨が折れることもあるけど、必要に応じて物事を変えられます。

どうしてすべてが人間のために準備されているのでしょう。人間以前には知性のあるものは地上にありませんでした。いったい、こんなにも多くの心づかいで、すべてを準備したのはだれでしょうか。

5 この答えは聖書という書物にあります。

「神は天と地と、それに属するすべてのものを造られました」
何百年、何千年にもわたって、人間のためにすべてを準備したのは〝神〟です。神は人間のために働かれます――人間は何もしないのに――。人間が地上に現れたときに何も欠けたものがないように、神はすべてを準備していました。

6
私たちは、神が歴史の最初に人間のために行われたこの偉大なわざを「創造」と呼びます。

7
人間の創造は、最後に行われました。人間がこの世界に造られたとき、用意のできた宴会に招かれたように、すでにすべてが整っていました。もうなんでもあります。地上は秩序だち、草木は芽ばえ、動物が現れた後、神は次のように言われました。
「我々にかたどり、我々に似せて、人を造ろう。そして海の魚、空の鳥、家畜、地の獣、地を這うものすべてを支配させよう」（創世記1・26）

8
しかし神のみ旨になかなか応えられない愚かな人間に対して、それでも神の愛はとても大きく、人間に世界を与えるだけでは終わらず、過ちをくり返す人間をゆるすために、神ご自身を与えようとします。

ある日、ベツレヘムに赤ちゃんが誕生しました。この赤ちゃんは、私たちと同じような人間であると同時に神の子、救い主イエス・キリストです。この赤ちゃんは人間のように育ち、死にますが、死よりも強く、「復活」されました。

9 復活の日以来、主キリストは人間にもキリストと同様、死よりも強い生命の恵みを与えてくださいます。人間は、イエス・キリストと結ばれ、新しく生まれ変わります。

10 私たちは、イエスが人間のために準備してくださった、偉大なわざを「救い」と呼びます。

11 復活したイエス・キリストの新しい生命は多くの人を豊かにし、変えました。二千年後の今日を生きる私たちの生命をも新たにしてくれます。なぜならば、私たちもまた神の生命の恵みを復活したキリストから受け、神の国の歴史の中に入っていくからです。さらにこの神の国の歴史は長く、偉大で、そして私もその一部分だからです。

12 神の国の歴史は、たくさんのページがすでに書かれた大きな本ですが、これから書くところも残っています。私たちが書かなければならない最初のページは、今日から始まります。私たち人間は、神とともにこの本のページを書き続けなければなりません。

13 新たな生命に従う人びとの数は、「ある日」が訪れるまで、たえず大きくなり続けるでしょう。「神がすべてにおいてすべてとなられる」（コリントの信徒への手紙一15・28）

14 聖書の預言者は、その「ある日」のことを神の創造が新しくなる、と言っています。「太陽は再びあなたの昼を照らす光とならず、月の輝きがあなたを照らすこともない。主があなたのとこしえの光となり、あなたの神があなたの輝きとなられる」（イザヤ書60・19）

15 預言者が言うように死は永遠になくなるでしょう。「彼らの目の涙をことごとくぬぐい取ってくださる。もはや死はなく、もはや悲しみも嘆きも苦労もない。最初のものは過ぎ去ったからである」（ヨハネの黙示録21・4）

16 私たちは、神がすべてにおいてすべてとなるときを「再臨」と呼びます。こうして神の国は最高の充実に達します。

17　神の国の歴史は「天地創造」から始まり、イエス・キリストによる「救い」で頂点に達し、「再臨」で完成します。

（聖書の引用文は日本聖書協会『聖書　新共同訳』参照）

参考文献

第一次文献（マリア・モンテッソーリ自身による著作）

I Bambini Viventi nella Chiesa (The Children living in the Church). Garzanti Editore Ed. Alberto Morani. Napoli.1922

The Child in the Church. Ed. by Mortimer Standing, London. 1929.

La Vita in Cristo (The Life in Christ). Ed. v. Ferri. 1931.

La Santa Messa spiegata ai Bambini (The Holy Mass explained to Children) 1932.

Gott und das Kind, hr. von G. Schulz-Benesch, Kl. Schriften Bd. 4, Freiburg. 1964.

Kinder, die in der Kirche leben, hg. v. H. Helming, Freiburg 1964.（保田史郎訳『子供と教会生活』エンデルレ書店、1966年）

Die Entdeckung des Kindes, hr. von Oswald/P. u. Schulz-Benesch/G., Freiburg 1980.

Spannungsfeld Kind-Gesellschaft-Welt, hg. v. G. Schulz-Benesch, Freiburg. 1979.（クラウス・ルーメル、江島正子共訳『子ども―社会―世界』ドン・ボスコ社、1996年）

Kosmische Erziehung, Kl. Schriften Bd. 1. Freiburg. 1988.

Schule des Kindes, *hr.*von Oswald/G.Schulz-Benesch,Freiburg 1991
Grundgedanken der Montessori-Paedagogik, hg.von P.Oswald/G.Schulz-Benesch, Freiburg. 1995

第二次文献（他の著者によるモンテッソーリ教育関連著作）

パウル・オスワルド著　保田史郎訳『モンテッソーリ教育における児童観』理想社、一九七一年
ヘレネ・ヘルミング著　平野智美、原弘美訳『モンテッソーリ教育学』エンデルレ書店、一九八二年
江島正子著『モンテッソーリ教育のこころ』学苑社、一九九三年
江島正子著『モンテッソーリの人間形成』関東学園大学研究叢書5、一九九三年
松本静子著『モンテッソーリアンと生きる』学苑社、一九九五年
ソフィア・カヴァレッティ他著　クラウス・ルーメル、江島正子共訳『子どもが祈りはじめるとき　モンテッソーリ宗教教育』ドン・ボスコ社、一九九八年
江島正子著『モンテッソーリの宗教教育』学苑社、二〇〇一年
江島正子著『たのしく育て子どもたち』サンパウロ、二〇〇四年
江島正子著『世界のモンテッソーリ教育』サンパウロ、二〇〇五年
長谷川京子著『アナトリウムの子どもたち』サンパウロ、二〇一七年
江島正子著『モンテッソーリ教育と子どもの幸せ』サンパウロ、二〇二〇年

あとがき

私がドイツのケルン大学に留学していたころ、街の中心部にケルン教区が運営する女子学生寮があり、宮崎カリタス修道女会（現イエスのカリタス修道女会）のシスターたちがお手伝いにいらしていました。そこでは月に一度の日本人会があり、隣町のボンからイエズス会司祭が来られることを知って、さっそく参加しました。

日本語で話せる集会は楽しく、それからは日本人会のないときも、近くを通りかかったときに立ち寄ったものです。シスターから懐かしい「うどん」を食べさせてもらったり、休日にドライブに誘っていただいたり、外国で心細かった私にとって大きな助けとなりました。

ときを経て、四谷のドン・ボスコ社で働いていらした、あのお世話になったシスターに再会したときは、不思議なご縁を感じました。

実は、私がケルン大学でDr.phil.を取得してドイツから戻り、最初に勤めたところが星美学園短期大学だったのです。帰国翌日に学長と面接を行い、ドン・ボスコの「予防教育法」について伺い、そのときモンテッソーリ教育と通じているところが多いと思ったことを覚えています。星美学園短期大学での教え子たちは、現在、モンテッソーリ教育の現場において一緒にかかわり続けています。彼女たちがそれぞれに花を咲かせ、それぞれの花の蜜を他者のいのちの援助に役立てているのを見て、とても喜ばしく思っています。

また、今から四十年ほど前でしょうか、四ツ谷の新宿通りを歩きながらモンテッソーリの本の出版について考えていたとき、目の前にドン・ボスコ社が見えて、ちょっと話を聞いてもらおうと思い立ち、そのままドアを開けて入ったことがありました。そこでお目にかかったのが、当時ドン・ボスコ社代表だったアルド・チプリアニ神父さまでした。

イタリア人のチプリアニ神父さまはドン・ボスコの心とともにマリア・モンテッソーリの心も理解され、自らの血肉としていらっしゃるようでした。マリア・モンテッソーリとドン・ボスコの両方の精神を体現しておられる人がいるということを知り、嬉しくなったものです。

チプリアニ師の協力を得て、その後ドン・ボスコ社から数冊の本を出版いたしましたが、今また、一般の方々にモンテッソーリ教育を伝えるための本をとどけることができました。本書はマリア・モンテッソーリの心と、教育修道会であるサレジオ会の神父さま方の思いが、具体化されたものと言っていいかもしれません。

本書の出版にあたっては、絶えず優しくご指導くださり、ご協力いただいたドン・ボスコ社に本当に、心から、深く感謝を表します。

二〇二二年四月　群馬医療福祉大学大学院 新前橋キャンパス研究室にて

江島正子

◆著者略歴

江島正子（えじま・まさこ）

1940年生まれ、上智大学卒業後、イギリス・ロンドン大学、ドイツ・ケルン大学留学。Dr.Phil. 星美学園短期大学助教授、関東学園大学教授を経て、現在、群馬医療福祉大学大学院教授。日本モンテッソーリ協会（学会）常任理事、東京支部長、学会誌『モンテッソーリ教育』編集委員長のほか、東京モンテッソーリ教育研究所付属教員養成コース、東京国際モンテッソーリ教師トレーニングセンター、学校法人白百合学園広島モンテッソーリ教員養成コース、長崎純心大学文学部純心モンテッソーリ教師養成コース等で講師を務める。著書に『モンテッソーリアンのこころ』（近代文芸社）、『モンテッソーリの人間形成』（関東学園大学）、『モンテッソーリ教育のこころ』『モンテッソーリの宗教教育』（以上、学苑社）、『たのしく育て子どもたち モンテッソーリ教育』『世界のモンテッソーリ教育』『モンテッソーリ教育と子どもの幸せ』（以上、サンパウロ）、共訳書に『子どもと学校の危機 社会・学校・世界』『モンテッソーリの教育法 基礎理論』（以上、エンデルレ書店）、『子ども―社会―世界 モンテッソーリ教育法』『子どもが祈りはじめるとき モンテッソーリ宗教教育』（以上、ドン・ボスコ社）、『国境のない教育者 モンテッソーリ教育』（学苑社）ほか多数。

平和《へいわ》と希望《きぼう》をつくる子《こ》どもたち
マリア・モンテッソーリの教育《きょういく》

2022年6月3日　初版1刷

著　者　江島正子

発行者　岡本大二郎

発行所　ドン・ボスコ社
〒160-0004　東京都新宿区四谷1-9-7
TEL03-3351-7041　FAX03-3351-5430

装　幀　幅 雅臣

印刷所　株式会社平文社

ISBN978-4-88626-690-3